Meine Mutti ist toll

My Mom is Awesome

Shelley Admont

Illustriert von
Amy Foster

www.kidkiddos.com

Copyright©2014 by S.A. Publishing ©2017 by KidKiddos Books Ltd.

support@kidkiddos.com

Second edition, 2019

Translated from English by Tess Parthum
Aus dem Englischen übersetzt von Tess Parthum

Library and Archives Canada Cataloguing in Publication Data
My mom is awesome (German English Bilingual Edition)/ Shelley Admont
ISBN: 978-1-5259-1657-1 paperback
ISBN: 978-1-5259-0799-9 hardcover
ISBN: 978-1-77268-696-8 eBook

Please note that the German and English versions of the story have been written to be as close as possible. However, in some cases they differ in order to accommodate nuances and fluidity of each language.

KidKiddos Books

Für meine großartigen Kinder-S.A.

For my awesome kids-S.A.

Hallo, ich bin es, Liz.

Hi, it's me, Liz.

Wusstest du, dass meine Mutti toll ist?

Did you know my Mom is awesome?

Nun, das ist sie! Sie ist klug und witzig, stark und geduldig, gütig und hübsch — sie ist außergewöhnlich.

Well, she is! She is smart and funny, strong and patient, kind and beautiful — she's amazing!

„Guten Morgen, Sonnenschein! Es ist Zeit aufzustehen!", höre ich ein leises Flüstern in meinem Ohr.
"Good morning, sunshine! It's time to rise!" I hear a soft whisper in my ear.

Das ist meine Mutti, die mich weckt.
That's my mom, waking me up.

Sie gibt mir eine Million sanfte Küsse und umarmt mich fest, aber ich kann meine müden Augen immer noch nicht öffnen.
She gives me a million gentle kisses and hugs me tight, but I still cannot open my sleepy eyes.

„Mami, ich will schlafen", murmle ich leise. „Nur noch eine Minute, bitte."
"Mommy, I want to sleep," I mutter quietly. "Just for one more minute, please."

Sie gibt mir immer mehr Küsse, doch es hilft nicht.
She kisses me more and more, but it doesn't help.

Also trägt sie mich huckepack ins Bad. Sie ist so stark, meine Mutti.

So she gives me a piggyback ride to the bathroom. She is so strong, my mom.

Sie küsst und kitzelt mich weiter, bis ich heftig anfange zu lachen.

She keeps kissing and tickling me until I start laughing hard.

Ich öffne ein Auge und schaue sie an.
Opening one eye, I look at her.

„Ist das ein neues Kleid? Du siehst so hübsch aus!", rufe ich und werde sofort wach.

"Is that a new dress? You look so pretty!" I exclaim and wake up right away.

Mutti lächelt. Sie ist wirklich schön. Ich mag ihre Kleider, ihre Schuhe und wie sie ihre Haare macht.
Mom smiles. She is really beautiful. I like her dresses, her shoes, and how she does her hair.

„Kannst du mir heute etwas Schickes machen?", frage ich, mit einem Hoffnungsschimmer in meinen Augen. „Den geflochtenen Zopf, den wir gestern in der Fernsehserie gesehen haben, kannst du so etwas machen?"
"Can you make me something fancy today?" I ask, a glimmer of hope in my eyes. "The braid we saw yesterday on the TV show, can you do something like that?"

Ich weiß, dass sie alles kann. Meine Mutti ist toll.
I know that she can do anything. My mom is awesome.

Selbst, wenn sie am Anfang nicht weiß, wie etwas geht, macht sie so lange weiter, bis es ihr gelingt. Sie gibt niemals auf.
Even if she doesn't know how to do something at first, she continues to try until she succeeds. She never gives up.

„Das ist ein Kinderspiel!", antwortet sie. „Komm her!"

"Piece of cake!" she replies. "Come here!"

Meine Mutti zwirbelt und flicht mein Haar zu einem wunderschönen geflochtenen Zopf.

My Mom twirls and weaves my hair until it's a beautiful braid running behind my head.

Ich bin so begeistert, mit meiner neuen Frisur zum Unterricht zu gehen. Ich kann mir schon die Reaktion meiner Freundinnen vorstellen. Ich bin sicher, dass sie Amy gefallen wird.

I'm so thrilled to go to class with my new hair. I can already imagine my friends' reactions. I'm sure Amy will love it.

„Deine Frisur ist so cool! Ich habe gestern die gleiche im Fernsehen gesehen!" Amy hüpft vor Aufregung. „Wer hat sie gemacht?"

"Your hairstyle is so cool! I saw the same one on TV yesterday!" Amy jumps with excitement. "Who made it?"

„Meine Mutti!", sage ich stolz.

"My mom!" I say proudly.

Als Amy anfängt, meine Frisur genauer zu untersuchen, schließen sich ihr immer mehr Mädchen an.

As Amy starts exploring my hairstyle closely, more and more girls join her.

„Es ist ein umgekehrter Zopf!", verkündet Amy nach ein paar Minuten. „Mit einer Drehung!" höre ich andere Stimmen.

"It's a reversed braid!" Amy announces, after a couple of minutes. "With a twist!" I hear other voices.

„Er ist so cool!" „Er sieht kompliziert aus!" „Er hat wahrscheinlich lange gedauert!"

"It's so cool!" "It looks complicated!" "It probably took a lot of time!"

Schließlich fragt Amy: „Kannst du deine Mutti fragen, ob sie meiner Mutti beibringt, diesen Zopf zu machen?"

Finally Amy asks, "Can you ask your mom to teach my mom to make this braid?"

„Sicher! Sie...", beginne ich zu sagen, aber die Klingel unterbricht mich und Herr Z. betritt die Klasse.

"Sure! She..." I start to say, but the bell interrupts me and Mr. Z enters the class.

Normalerweise liebe ich Mathe, aber heute ist es einfach schrecklich.

Usually I love math, but today it's just terrible.

„Wir werden etwas über das Bruchrechnen lernen", sagt Herr Z., während er die Tafel mit seltsamen Zeichnungen füllt.

"We are going to learn about fractions," says Mr. Z, while filling the board with strange drawings.

Warum ist das so kompliziert? Halbe, Drittel und Viertel ... mein Kopf wird explodieren.

Why is it so complicated? Halves, thirds and fourths ... my head is going to explode.

Ich gebe jedoch nicht auf, ich stelle Fragen, genau, wie meine Mutti es tun würde.

I don't give up though; I ask questions, exactly like my mom would do.

Herr Z. erklärt es noch einmal und danach zeigt er uns ein lustiges Video über Brüche.

Mr. Z explains one more time and after, he shows us a fun video about fractions.

„Als nächstes werden wir ein Spiel spielen", verkündet er. „Wir werden Brüche in unserem Klassenzimmer suchen."

"Next, we'll play a game," he announces. "We'll find fractions in our classroom."

Brüche können tatsächlich richtig Spaß machen.

Fractions can actually be really fun.

$$1/4 = 2/8$$

$$2\tfrac{1}{2} = 5/2$$

Aber mein Lieblingsteil dieser Stunde ist, als Herr Z. uns kleine bunte Geleebohnen gibt und wir sie nach Farben aufteilen.

But my favorite part of this class is when Mr. Z gives us small colorful jellybeans. We divide them by color.

Ich glaube, ich verstehe Brüche jetzt viel besser, aber ich fühle mich immer noch nicht wohl mit all diesen seltsamen Zahlen.
I think I understand fractions much better now, but I still don't feel comfortable with all these strange numbers.

In der Pause laufen Amy und ich zu unserem liebsten Platz zum Spielen – dem Klettergerüst. Ich liebe es, hinaufzuklettern und kopfüber herunterzuhängen.
At recess Amy and I run to our favorite place to play. The monkey bars! I love to climb up and hang upside-down.

Aber heute verfängt sich meine Jeans auf dem Weg zum Klettergerüst irgendwie in einem Gebüsch und reißt genau an meinem Knie auf.
But today on my way to the monkey bars, somehow my jeans get caught in a bush and tear right on my knee.

Ich breche fast in Tränen aus. „Das ist mein liebstes Paar Jeans. Schau, der Riss ist riesig."
I almost burst into tears. "These are my favorite pair of jeans. Look, the tear is huge."

Ich bin so aufgebracht. Mir ist nach Weinen zumute, aber ich gebe mir große Mühe, es nicht zu tun.

I'm so upset. I feel like crying but I try very hard not to.

Ich will nur, dass meine Mutti jetzt hier ist und wie immer zu mir sagt:

„Alles wird wieder gut, Liebling. Du wirst sehen."

I just want my mom to be here now and say to me, as always, "Everything will be okay, sweetie. You'll see."

Endlich bin ich zuhause und Mutti ist von der Arbeit zurück. Sie versteht immer, was ich fühle.

Finally I'm home and Mom's back from work.
She always understands what I feel.

„Wie war dein Tag, Liebling?" Ihre Stimme klingt besorgt. Sie schließt mich in ihre Arme und fragt so lange weiter, bis ich ihr alles erzähle.

"How was your day, sweetie?" her voice full of care.
She wraps me in her arms and continues asking questions until I share everything with her.

Ich verrate ihr alles über die Brüche, den Riss in meiner Jeans und wie frustriert ich bin.

I spill to her all about fractions, the tear in my jeans and how frustrated I feel.

Mutti findet immer eine Lösung für jedes Problem.

Mom always finds a solution to any problem.

„Welche Form möchtest du, um deinen Riss zu überdecken? Herz oder Stern?" Natürlich wähle ich ein großes rosa Herz.

"What shape do you want to cover your tear? Heart or star?" Of course I choose a large pink heart.

Sie näht einen herzförmigen Flicken über das Loch in meiner zerrissenen Jeans, damit niemand das Loch darunter bemerkt. Wie cool ist das denn?

She sews a heart-shaped patch over the hole on my torn jeans, so no one will notice the hole underneath. How cool is that?

„Oh danke, Mami", rufe ich glücklich. „Diese Jeans sieht jetzt so schick aus. Lass uns hier noch einen Flicken aufnähen!"

"Oh, thank you, Mommy," I exclaim happily. "These jeans look so fancy now. Let's put another patch here!"

Wir arbeiten gemeinsam und gestalten mein neues, cooles Outfit.
We work together and design my new cool outfit.

Wir nähen zwei kleinere Herzflicken auf meine Jeans und ein größeres Herz auf mein T-Shirt.
We sew two smaller heart patches on my jeans and one larger heart on my T-shirt.

„Schau, nun hast du eine neue Jeans und ein passendes T-Shirt", sagt sie.
"Look, now you have new jeans and a matching T-shirt," she says.

„Mutti, du bist meine Heldin!", verkünde ich und umarme sie fest. Wir fangen beide laut an zu lachen.
"Mom, you're my hero!" I announce, hugging her tight. We both start laughing loudly.

Dann zieht sie mich in die Küche. „Es ist Zeit für etwas Süßes. Lass uns Törtchen machen. Aber bei dieser Arbeit müssen wir Brüche anwenden."
Then she pulls me into the kitchen. "It's time for something sweet. Let's make cupcakes. But we need to use fractions in order for this to work."

„Hab keine Angst", sagt Mutti sanft. „Wir schaffen das zusammen."

"Don't be afraid," Mom says softly. "We'll make it together."

Ich atme tief ein und schlage Muttis großes Kochbuch auf.

I take a deep breath and open Mom's big cooking book.

„Für fünf Törtchen benötigen Sie eine viertel Tasse Mehl", lese ich.

"For five cupcakes you'll need a quarter cup of flour," I read.

„Wir werden fünfzehn Törtchen machen, auch für Papa", sagt Mutti, „wir brauchen also..."

"We'll make fifteen cupcakes, for Daddy also," Mom says, "so we need..."

„Eine dreiviertel Tasse Mehl!", rufe ich fröhlich. „Das ist einfach."

"Three quarter cups of flour!" I exclaim happily. "It's easy!"

Als der Abend kommt, bringt Mutti mich in mein Bett, deckt mich mit meiner Schmetterlingsdecke zu und sagt: „Ich habe dich lieb, Mäuschen."

When the evening comes, Mom tucks me in my bed, covers me with my butterfly blanket and says, "I love you, pumpkin."

„Ich hab dich lieb, Mami", flüstere ich mit einem herzhaften Gähnen und lasse meine Augen zufallen. Während ich über den wunderschönen Tag nachdenke, den wir hatten, schlafe ich ein.

"I love you, Mommy," I whisper with a big yawn fluttering my eyes shut. As I think about the wonderful day we had, I fall asleep.

Ich wache am Morgen auf, weil ich warme Küsse auf meinem Gesicht spüre und eine sanfte Stimme höre: „Guten Morgen, Liebling. Es ist Zeit, aus den Federn zu kriechen."

I wake up in the morning, because I feel warm kisses on my face and hear a gentle voice: "Good morning, sweetie. It's time to rise and shine."

Meine Augen sind noch geschlossen, aber ich spüre sie nah bei mir. Sie streichelt mein Haar und es fühlt sich wunderbar an.

My eyes are still closed but I feel her near me. She strokes my hair and it feels wonderful.

Ich habe meine Mutti lieb. Sie ist toll. Wenn ich groß bin, will ich genauso sein wie sie!

I love my mom. She's awesome. When I grow up, I want to be exactly like her!

Und weißt du was? Deine Mutti ist auch toll. Nimm sie auf jeden Fall in den Arm, um ihr zu zeigen, wie toll sie ist!

And guess what? Your mom is awesome too. Make sure to give her a hug to let her know how amazing she is!

www.ingramcontent.com/pod-product-compliance
Lightning Source LLC
Chambersburg PA
CBHW040252100426

42811CB00011B/1229